A ESSÊNCIA
DA CONSTITUIÇÃO

Ferdinand Lassalle

A ESSÊNCIA DA CONSTITUIÇÃO

Prefácio e Organização
Aurélio Wander Bastos

Epílogo
Rosalina Corrêa de Araújo

9ª Edição

Freitas Bastos Editora

Direitos exclusivos da edição e distribuição em língua portuguesa:

Maria Augusta Delgado Livraria, Distribuidora e Editora

Editor: *Isaac D. Abulafia*
Capa/Diagramação: *Neilton Lima*
Revisão Técnica: *Aurélio Wander Bastos*
Revisão: *Luzia Ferreira de Souza*
Digitação: *Elizabeth Cavalcante Garcia e Monique Godoy Mattos*

DADOS INTERNACIONAIS PARA CATALOGAÇÃO
NA PUBLICAÇÃO (CIP)

L346e

Lassalle, Ferdinand, 1825-1864
A essência da Constituição / Ferdinand Lassalle ; prefácio, e organização Aurélio Wander Bastos ; epílogo Rosalina Corrêa de Araújo. – 9. ed. – Rio de Janeiro : Freitas Bastos, 2015.

60p. ; 23cm.

ISBN 978-85-7987-183-2

1. Direito constitucional. 2. Prússia (Alemanha) – Política e governo. I. Bastos, Aurélio Wander, 1943- II. Título.

CDD - 342

Freitas Bastos Editora

Tel./Fax: (21) 2276-4500
freitasbastos@freitasbastos.com
vendas@freitasbastos.com
www. freitasbastos.com

Sumário

Nota Explicativa 1

Prefácio 3

A Essência da Constituição 13

Capítulo I — Sobre a Constituição 15

- *Que é uma Constituição?* *15*
- Lei e Constituição 17
- Os Fatores Reais do Poder 20
- A Monarquia 21
- A Aristocracia 21
- A Grande Burguesia 22
- Os Banqueiros 23
- A Pequena Burguesia e a Classe Operária 25
- Os Fatores Reais do Poder e as Instituições Jurídicas - A Folha *de Papel* *26*
- O Sistema Eleitoral das Três Classes 26

O Senado 28
O Rei e o Exército 28
O Poder Organizado e o Poder Inorgânico 29

Capítulo II – Sobre a História Constitucionalista 31
A Constituição Real e Efetiva 31
Constituição Feudal 34
Absolutismo 35
A Revolução Burguesa 36

Capítulo III – Sobre a Constituição Escrita e a Constituição Real 39
A Arte e a Sabedoria Constitucionais 39
O Poder da Nação é Invencível 40
Consequências 40
Primeira Consequência 41
Segunda Consequência 42
Terceira Consequência 44
Conclusões Práticas 45

Epílogo – Ferdinand Lassalle e a Resistência *Völkisch* ao Constitucionalismo Alemão 47

Nota Explicativa

As informações sobre esta conferência intitulada *Über die Verfassung*, de Ferdinand Lassalle, pronunciada em 1863, para intelectuais e operários da antiga Prússia, são esparsas, mas se completam pelo seu trabalho jurídico denominado *Das System der Erworbenen Rechite*. A *Gesamtverzei-chnisdes Deutschsprachigen Schrifttums* (GV) (índice das Obras Publicadas em Língua Alemã), 1911-1965, no volume 77, p. 261, editada pela *Verlag Dokumentation*, München, 1978, dá-nos rápidas informações sobre as primeiras publicações desta conferência. A primeira delas, sem indicação do ano, é da Livraria Vonwõrts, em Berlim.

A segunda notícia, de maior precisão, fala da obra como uma consolidação de duas conferências publicadas em 86 páginas, pela *Vereinigung Internationale Verlags-Anstalten*, Berlim, em 1923, como o volume 5 da série *Elementarbücher des Kommunismus*. O mesmo índice noticia também uma publicação em Viena, de apenas 23 páginas, no ano de 1926, pela *Wiener Volksbucbb*.

Esta edição, agora publicada pela editora Freitas Bastos, tomou como base a tradução feita por Walter Stõnner na publicação das Edições e Publicações "Brasil", São Paulo, 1933. Comparando o texto com o original em outras línguas, fizemos pequenas adaptações de linguagem. Preferimos não divulgar o texto com a sua denominação originária em português, *Que É uma Constituição?*, até por não traduzir fielmente a obra consolidada das duas conferências citadas. Assim, *por* fidelidade ao teor político e jurídico da obra, achamos mais conveniente publicá-la com o título *A Essência da Constituição.*

Aurélio Wander Bastos
Organização

Prefácio

Aurélio Wander Bastos

Este livro de Ferdinand Lassalle (Breslau, 1825-1864) é um clássico do pensamento político constitucional. Muito embora não tenha Lassalle se notabilizado como intelectual erudito, especialmente como o seu contemporâneo Karl Marx (Trier, 1818-1883), mas como advogado persistente, ativo propagandista e inflamado militante político e sindical, produziu trabalhos de significativa importância filosófica: *A Filosofia de Heráclito* (1858) e *O Legado de Fichte* (1860); e jurídica: *Sistema dos Direitos Adquiridos* (1861) e *Sobre a Constituição* (1863). É esse último trabalho, no original denominado *Über die Verfassung*, publicado em português com o título *Que É Uma Constituição?*, que escolhemos como imprescindível para o conhecimento político e sociológico de uma Constituição. Para permanecer fiel ao texto e resguardar o seu pensamento original, estamos publicando-o com o título *A Essência da Constituição.*

Se o *Über die Verfassung* é a contribuição ao pensamento jurídico clássico que o consagrou entre os constitucionalistas, o seu trabalho político mais importante é fundamentalmente voltado para o estudo de problemas e indicações de alternativas para o sindicalismo, especialmente alemão-prussiano da época: *Programa dos Operários*, conhecido em alemão como *Arbeiter Program*, divulgado em 1863. A tese central deste trabalho foi a sua intransigente defesa do sufrágio universal igual e direto para os operários, como forma de se conquistar o Estado para implementar reformas sociais. Nesta publicação, defendeu a necessidade de os operários se organizarem em partido político independente como instrumento de viabilização de suas demandas, que o levou, em maio de 1863, a fundar, em Leipzig, a Associação Geral dos Trabalhadores Alemães, da qual foi presidente, e que, historicamente, pode ser vista como a entidade que antecedeu a formação da social democracia alemã.

O *Programa dos Operários se* apoia, principalmente, em duas teses voltadas para a melhoria das condições de vida do trabalhador (também expostas no seu livro *Capital e Trabalho,* 1864, onde ainda faz reflexões preliminares sobre a teoria da mais-valia: uma crítica à lei de bronze dos salários (segundo essa lei, o salário médio dos trabalhadores tende a ser reduzido no sistema capitalista ao seu sustento e reprodução) e a proposta sobre a criação das cooperativas de produção constituídas de trabalhadores subvencionados pelo Estado (essas cooperativas funcionariam originariamente com crédito outorgado, mas passariam, com o tempo, a subsidiar um verdadeiro movimento cooperativista). Essas teses sobre a lei de bronze e as cooperativas de trabalhadores, teoricamente, separaram Lassalle de Marx, bem como dos socialistas alemães que colaboraram na fundação do Partido Social Democrata (1869-1875), o que não lhe tira o mérito de ter levantado historicamente a discussão da teoria dos salários, bem como da também "questionável" teoria da mais-valia.

Lassalle e Marx estiveram juntos em muitos momentos históricos, especialmente durante a Revolução alemã de 1848, de tendências populares e democráticas. Juntos responderam ao mesmo processo por atuação política e pregações contra o Estado na região de Rhur, na Alemanha, durante esse período marcante também para a França e a Itália. Embora tenha sido Lassalle condenado, historicamente foi Marx quem prosseguiu e aprofundou os estudos sobre o capitalismo e os seus efeitos sobre as condições de vida do operariado. O pensamento marxista superando, especialmente, a proposta das cooperativas, através de proposições mais radicais sobre a coletivização da produção, e a lei de bronze, com o desenvolvimento da teoria da mais-valia, ultrapassou definitivamente o sectarismo obreirista deste sindicalista que morreu em um duelo com um nobre, provocado por coloridas paixões por uma aristocrata.

Se o pensamento marxista avançou historicamente sobre as concepções sindicalistas de Lassalle, não há como negar a importância de seu papel na consolidação do sufrágio universal, não só na Alemanha. Muitos deputados alemães de vinculação operária, eleitos com a consolidação jurídica do sufrágio universal, decisivamente colaboraram, a partir de 1872 (Assembleia Geral dos Operários Alemães, maio, Berlim), para a criação e dinamização das cooperativas de trabalhadores (Programa de Gotha), mais tarde (1891) eliminadas do programa do Partido Social Democrata (dominantemente controlado pelos marxistas) como instrumento de alienação e retração do avanço revolucionário dos operários (Congresso de Efurt).

Todavia, a evolução economicista e sociologista do marxismo não conseguiu impedir que Lassalle se consagrasse como precursor da teoria crítica da ordem jurídica, como também de formulador dos pressupostos da ordem jurídica social-democrática como alternativa à ordem jurídica capitalista. Sem usar a teoria da luta de classes nos seus dois principais trabalhos jurídicos - *Über die Verfassung* e *Das System der Erworbenen Rechte* - consagra-se, não exclusivamente como constitucionalista, mas como precursor da sociologia jurídica, enquanto teoria crítica da ordem jurídica.

Os pressupostos da teoria crítica de Lassalle não são idealistas e, como não poderia deixar de ser, ele não é um formalista. Todo o seu pensamento jurídico, seja na crítica ao direito adquirido como forma de legitimação da transmissão da propriedade, ou no estudo crítico da Constituição prussiana de 31 de janeiro de 1850 (que aboliu o sufrágio universal e direto, consagrado através da Lei de 08 de abril de 1848), é essencialmente influenciado por preocupações políticas e sociológicas. Ao mesmo tempo, essas preocupações estão permeadas pelo pensamento socialista em formação e em desenvolvimento na Alemanha que antecede a ascensão de Bismarck (1815-1898), que, durante longo tempo (1864-1890), fez a contracena conservadora ao movimento operário, implementando leis trabalhistas, mesmo antes do frágil pensamento liberal burguês alemão entrecruzado pelo catolicismo político.

Esta obra - *A Essência da Constituição* - é dos únicos trabalhos constitucionais ou sobre a sociologia das constituições de alcance acadêmico e popular que estuda os fundamentos, não formais, mas, como ele denomina, essenciais - sociais e políticos - de uma Constituição. O seu pressuposto jurídico, evidente confronto com o pensamento jusnaturalista e positivista, é de que as constituições (burguesas?) não promanam de ideias ou princípios que se sobrepõem ao próprio homem, mas dos sistemas que os homens criam para, entre si, se dominarem, ou para se apropriarem da riqueza socialmente produzida. Tudo indica que esta obra, originalmente uma conferência para intelectuais e sindicalistas, se não consolida dois trabalhos anteriores, pelo menos deles retira as suas proposições fundamentais: um folheto intitulado *Aos Trabalhadores de Berlim* (1863), onde desenvolve a tese do sufrágio universal, a evolução das constituições, e critica a Constituição prussiana, e um manifesto conhecido como *Força e Direito* (1863), publicado após suas divergências com os liberais.

As suas opiniões sobre as constituições da época, que parecem originárias desses primeiros textos, especialmente a autoritária Constituição prussiana, não são muito lisonjeiras. Ele afirma taxativamente que as instituições jurídicas são *os fatores reais de poder* transcritos em *folha de papel* que inscreve os direitos e deveres das frações reais de poder. As suas opiniões permitem concluir que ele acredita que o direito dominante (a Ordem Jurídica) não tem qualquer autonomia; seria um mero instrumento escrito com o objetivo de coagir condutas através da ameaça de punições. As suas reflexões, do ponto de vista das modernas teorias jurídicas, inclusive sociológicas, ainda são embrionárias, o que não lhe permitiu, com clareza, desenvolver qualquer teoria sistemática sobre a ordem jurídica estritamente formal ou mesmo sobre a ordem jurídica como reflexo das ideologias socialmente dominantes.

De qualquer forma, e esta é a originalidade e importância do seu texto, de todos os pensadores jurídicos do século XIX, inclusive entre os marxistas, até mesmo do século XX, Lassalle, neste seu pequeno trabalho, explicita com límpida clareza os fundamentos sociológicos das constituições: os *fatores reais do poder*. Para ele, constituem *fatores reais do poder* o conjunto de forças que atuam politicamente, com base na lei (na Constituição), para conservar as instituições jurídicas vigentes. Constituem estes fatores a monarquia, a aristocracia, a grande burguesia, os banqueiros e, com específicas e especiais conotações, a pequena burguesia e a classe operária, e o que elas representam no contexto político.

Lassalle, neste trabalho, não estuda o papel do exército ou das forças policiais como fator autônomo e real do poder, mas como instrumento desses fatores. Nesse sentido, Lassalle esboça também alguns pressupostos sobre as teorias que veem no exército e nas forças armadas não um fator real de poder, mas um instrumento do poder político do rei, nas monarquias, ou dos presidentes, nas repúblicas. Da mesma forma, como em situações teóricas anteriores, Lassalle não analisa o exército como instrumento do Estado classista, como vieram a fazer os marxistas, mas como instrumento do agente unitário do poder: o rei. A sua opinião é de que as forças armadas são forças organizadas do rei e, da nação, somente porque o rei (o monarca) é um fator real de poder.

Nesses termos, desconhecendo o exército como fator real de poder, reconhece nos seus escritos que ele não estaria sujeito às normas e disposições constitucionais, mas acima delas, ou independente delas, porque assim está o monarca. É bem verdade que o quadro histórico de Lassalle não é o dos nossos dias, onde as forças armadas, juridicamente, estão sujeitas às suas limitações constitucionais. Na Prússia dos anos que antecederam à unificação e à industrialização alemã, por força da própria Constituição absolutista, o Exército e a Marinha não prestavam juramento de acatar a Constituição, mas ao monarca, que tinha poderes para nomear seus comandantes.

As forças armadas não tinham sido constitucionalizadas e, como tal, não deviam satisfação à nação, mas ao rei. Situação trágica que simbolizava os remanescentes absolutistas: os reis só eram reis porque comandantes do corpo armado.

Nesse sentido, ele acredita que é uma invencionice misteriosa, historicamente ultrapassada, entender que o chefe da nação é também o chefe supremo das forças de mar e terra, impedindo que o Poder Legislativo, representação do poder que emana do povo, tenha competência para decidir sobre suas finalidades e objetivos.

Lassalle na verdade escreve sobre uma Constituição real (efetiva) e uma Constituição escrita (ideal jurídico) e é desta desconexão que evoluem os fundamentos da sua obra, mostrando que não necessariamente a segunda efetiva as forças (implícitas) da primeira. No seu trabalho, ficam explícitas as arestas de acomodação entre os pressupostos de suas observações sobre as diferenças entre a Constituição real (*fatores reais de poder*) e a Constituição escrita (*folha de papel*). Na verdade, ele chega a afirmar que boa e duradoura é a Constituição escrita que se apoia na Constituição real, para ele próprio, os fatores reais de poder. Mas é nesta observação que está a contradição fundamental do seu trabalho. Ao criticar a ordem estabelecida (os fatores reais de poder), ele não demonstra suficientemente e nem ao menos desenvolve teoricamente a sua hipótese prospectiva: são também fatores reais de poder, e esta posição está implícita e timidamente exposta em várias partes do seu livro, a consciência coletiva e a cultura da nação, (*O Volkish*) na opinião de Lassalle, o fundamento preliminar da ordem jurídica. Entretanto, tudo leva a crer que ele acredita que esses fatores, mais abstratos do que reais, sucumbirão aos efetivos fatores reais.

Nesta obra, nem ao menos está aberto um capítulo para, especificamente, tratar da consciência social e da cultura nacional como fatores reais de poder. Ele chega mesmo a aventar que, se, "os fatores reais", propriamente ditos, confrontarem a consciência coletiva (e os indicadores dessa consciência, pelo menos os que aparecem nesta obra, como os interesses gerais da nação, o sentimento nacional, a integridade física do povo e a sua propriedade, e os conhecimentos técnicos desenvolvidos no seio da sociedade civil), o povo (na sua linguagem, a pequena burguesia) necessariamente se rebelará ou, pelo menos, poderá confrontar-se, enquanto força desorganizada (poder inorgânico) com a força organizada - a estrutura real de poder. Nesse sentido, premido pelas circunstâncias que o envolveram e à Prússia em 1848-50, parece que não acredita na vitória dos trabalhadores organizados, reconhecendo a força da cultura coletiva (ou *Volksgeist*), como se demonstrará no epílogo desta obra, e sua íntima relação com *os fatores reais de poder.*

Lassalle não mostra muito otimismo com as possibilidades e potencialidades do povo desorganizado: os servidores do povo são retóricos, os dos governantes são práticos, utilitários e oportunistas. Acredita mesmo que as suas perspectivas só se realizem em momentos históricos de grande emoção (e comoção); mesmo assim, só se viabilizariam se houvesse condições de fazer profundas reformas nas forças organizadas a serviço dos fatores reais de poder, especificamente do fator unitário - o rei, adaptando-as aos interesses da nação. Todavia, para Lassalle, se a Constituição escrita não corresponde aos fatores reais de poder, a Constituição real, tanto por um lado - o rei, a aristocracia, a grande burguesia - quanto por outro - a consciência nacional - está ameaçada. Ele consegue identificar os indicadores da crise, mas se perde na indicação de alternativas jurídicas e até mesmo políticas.

Interessantemente, nesta obra, Lassalle não recorreu às teorias sobre a Assembleia Constituinte que já vinham sendo estudadas e desenvolvidas por E. J. Sieyès desde os primórdios da Revolução Francesa, o que leva a crer que ele ainda trabalhe no contexto alemão das constituições outorgadas. De qualquer forma e, quem sabe por isso mesmo, não se pode retirar de seu texto o seu valor histórico, principalmente a sua capacidade para diagnosticar as "forças ocultas" do poder real, encobertas pela Constituição escrita, principalmente outorgada.

No entanto, não há como desconhecer que este precursor da social democracia alemã "intuiu", nos limites em que o pensamento jurídico e sociológico da época permitiam (há que se considerar que Lassalle é politicamente formado sob o impacto da Revolução de 1848), parâmetros gerais de modernas teorias jurídicas, mas que, da mesma forma, ainda não alcançaram a plenitude de seu desenvolvimento nas sociedades modernas, o que conserva o mérito e resguarda a importância atual deste seu livro. Nesse sentido, muitas das suas observações ainda precisam ser estudadas e aprofundadas, mesmo porque o exagero economicista e sociologista interrompeu a elaboração pelos marxistas de uma teoria democrática do Estado, bem como o formalismo positivista e o dogmatismo jurisprudencial dos tribunais ainda inibem o desenvolvimento de uma hermenêutica sustentável intensa à rígida dogmática arraigada às tradições romanas.

Nesse sentido, apesar de contemporâneo de Karl, tendo inclusive acompanhado a divulgação do Manifesto Comunista (1848), o primoroso diagnóstico do capitalismo dominante à época, a partir de uma visão retrospectiva que embasa, historicamente, uma proposta prospectiva, Lassale mais se preocupou em fazer uma leitura política sobre a efetiva força dos poderosos em detrimento dos efeitos impositivos de uma Constituição. As duas vertentes entre si não se contrapõem, mas ao mesmo tempo que não abraça uma teoria revolucionária da tomada de poder é profundamente pessimista em relação à eficácia da Constituição como instrumento de desarticulação dos fatores reais de poder.

Por isso, no que se refere especificamente à evolução do Direito Constitucional, há que reconhecer que Lassalle deu significativa contribuição à teoria do voto universal e direto como instrumento de conquista do poder e democratização do Estado. Da mesma forma, não deixa de ser ilustrativa a sua teoria diferenciativa entre a Constituição real e a Constituição escrita (formal), assim como o seu reducionismo sociológico, circunscrevendo a tradicional figura imperativa do Direito - a Lei Fundamental - aos fatores reais de poder, põe definitivamente em questão a lógica da racionalidade jurídico-formal e abre a discussão sobre a teoria da eficácia das leis.

É bem verdade que entre os juristas não há qualquer consenso conceitual sobre a "Lei Fundamental", mas o determinismo lassalista chega a reconhecer que, confundindo-se com os fatores reais de poder, ela é uma exigência da necessidade dos próprios fatores de poder, de tal forma que, substantivamente, só pode ser aquilo que realmente é, nunca o que deveria ser. Nesse sentido, Lassalle introduz os subsídios sociológicos que servem de negação à moderna Teoria Pura do Direito de Hans Kelsen (Praga, 1881-1973). O quadro teórico de Kelsen se desenvolve principalmente com base na "norma pura", vazia de conteúdo, sem qualquer essência expressiva ou representativa da força ou de pressupostos ideológicos. As normas se aplicam não por serem eficazes, mas válidas: porque derivam e se fundamentam, numa dimensão exclusivamente hierárquica e lógico-formal, umas nas outras, ou seja, as normas inferiores se fundamentam e derivam das normas superiores.

Muito embora, na posição kelseniana, "a Norma Fundamental" é um conceito mais amplo do que "Lei Fundamental; porque não se confunde com Constituição, adquirindo contornos teóricos mais amplos. Ao contrário de Lassalle, discorrendo sobre "Lei Fundamental", a "Norma Fundamental" não é a própria Constituição, enquanto norma juridicamente superior. Para Kelsen, a Norma Fundamental é um pressuposto que antecede a própria ordem jurídica que dela deriva, mas dela não é parte. Ainda diz: a ordem jurídica é um todo pleno e coerente que responde a todos os problemas, não por ser eficaz, mas por ser válida e aplicável pelos tribunais. Não há o que discutir sobre a sua plenitude, muito embora para Lassalle, da diferença histórica em que se encontrava de Kelsen, o formalismo jurídico, como conheceu, nada mais é do que um instrumento para transformar fatores escusos em lúcidos princípios, coerentes e herméticos propósitos.

No fundo, sem qualquer abertura jurídica, insistindo, como Lassalle insiste, em que o problema constitucional é um problema exclusivamente político, que deve ser resolvido politicamente, ele fecha as comportas do seu sistema e fica preso a um círculo vicioso sem qualquer possibilidade de provocar modificações ou rupturas na ordem estabelecida. Desacredita da capacidade do legislativo para emendar as constituições, porque provocará sempre reações, da mesma forma que desacredita que as assembleias nacionais - que em um único momento ele chama de Assembleia Constituinte - possam romper o trágico drama das contradições entre as forças que apoiam a Constituição real e a consciência nacional rebelada.

Lassalle não aprofunda, como observamos neste livro, a tese da Assembleia Constituinte: ele a viveu, não como uma experiência histórica positiva, após a Revolução de 1848, mas como um filme seriado em que as conquistas democráticas foram paulatinamente revogadas pelos contrarrevolucionários. A sua resistência à teoria da Assembleia Constituinte, de certa forma, subsidia a sua inclinação política preliminar: a teoria da rebelião como pressuposto constituinte de organização de um Estado popular. Mas, da mesma forma, exceto nas suas explícitas opiniões sobre a necessidade de se desarticular os fundamentos de força da Constituição real, ele não define como se construiria, como se organizaria um Estado de novo tipo ou uma ordem jurídica democrática alternativa. Este é o paradoxo interessante do seu trabalho: um clássico do constitucionalismo que desconhece a importância do Direito como instrumento de organização social e, ao mesmo tempo, escrevendo sobre o que é uma Constituição, ensina exatamente o que não deve ser a essência de uma Constituição.

Rio de Janeiro, 25 de março de 1985 (1ª Edição).

Rio de Janeiro, 04 de novembro de 2013 (Edição Revisada)

A Essência da Constituição

Introdução

Fui convidado a fazer uma conferência e para isso escolhi um tema cuja importância não é necessário salientar pela sua oportunidade. Vou falar de problemas constitucionais, isto é, *qual a essência de uma Constituição?*

Antes de entrar na matéria, porém, desejo esclarecer que a minha palestra terá um caráter estritamente científico; mas, mesmo assim, ou melhor, justamente por isso, não haverá entre vós uma única pessoa que possa deixar de acompanhar e compreender, do começo até o fim, o que vou expor.

A verdadeira ciência - nunca será demais lembrar - não é mais do que essa *clareza de pensamento* que não promana de coisa preestabelecida, mas dimana de si mesma, passo a passo, todas as suas consequências, impondo-se com a força coercitiva da inteligência àquele que acompanha atentamente seu desenvolvimento.

Essa clareza de pensamento não requer, pois, daqueles que me ouvem, conhecimentos especiais. Pelo contrário, não sendo necessário, como já disse, possuir conhecimentos especiais para esclarecer seus fundamentos, não somente não precisa deles, como não os tolera. Só tolera e exige uma única coisa: que os que me lerem ou me ouvirem não o façam com suposições prévias de nenhuma espécie, nem ideias próprias, mas, sim, que estejam dispostos a colocar-se ao nível do meu tema, mesmo que acerca dele tenham falado ou discutido, e fazendo de conta que pela primeira vez o estão estudando, como se ainda não soubessem dele, despindo-se, pelo menos enquanto durar a minha investigação, de tudo quanto a seu respeito tenham como conhecido.

Capítulo I

Sobre a Constituição

Que é uma Constituição?

Que é uma Constituição? Qual é a verdadeira essência de uma Constituição? Em todos os lugares e a qualquer hora, à tarde, pela manhã e à noite, estamos ouvindo falar da Constituição e de problemas constitucionais. Na imprensa, nos clubes, nos cafés e nos restaurantes, é esse o assunto obrigatório de todas as conversas.

E, apesar disso, ou por isso mesmo, formulamos em termos precisos esta pergunta: Qual será a verdadeira essência, o verdadeiro conceito de uma Constituição? Estou certo de que, entre esses milhares de pessoas que dela falam, existem muito poucos que possam dar-nos uma resposta satisfatória.

Muitos, certamente, para responder-nos, procurariam o volume que fala da legislação prussiana de 1850 até encontrarem os dispositivos da Constituição do reino da Prússia.

Mas isso não seria, está claro, responder à minha pergunta.

Não basta apresentar a *matéria concreta* de uma determinada Constituição, a da Prússia ou outra qualquer, para responder satisfatoriamente à pergunta por mim formulada: onde podemos encontrar o conceito de uma Constituição, seja ela qual for?

Se fizesse essa indagação a um jurisconsulto, receberia mais ou menos esta resposta: "Constituição é um pacto juramentado entre o rei e o povo, estabelecendo os princípios alicerçais da legislação e do governo dentro de um país." Ou, generalizando, pois existe também a Constituição nos países de governo republicano: "A Constituição é a Lei Fundamental proclamada pela nação, na qual baseia-se a organização do direito público do país."

Todas essas respostas jurídicas, porém, ou outras parecidas que se possam dar, distanciam-se muito e não explicam cabalmente a pergunta que fiz. Estas, sejam as que forem, limitam-se a descrever exteriormente como se formam as Constituições e o que *fazem,* mas não explicam o que é uma Constituição. Essas afirmações dão-nos critérios, notas explicativas para conhecer juridicamente uma Constituição; porém não esclarecem onde está o *conceito* de *toda* Constituição, isto é, a *essência* constitucional. Não servem, pois, para orientar-nos se uma determinada Constituição é, e por que, boa ou má, factível ou irrealizável, duradoura ou insustentável, pois para isso seria necessário que explicassem o *conceito* da Constituição. Primeiramente, torna-se necessário sabermos qual é a verdadeira *essência* de uma Constituição, e, depois, poderemos saber se a Carta Constitucional *determinada e concreta* que estamos examinando se *acomoda* ou não às exigências substantivas. Para isso, porém, de nada servirão as definições jurídicas que podem ser aplicadas a todos os papéis assinados por uma nação ou por esta e o seu rei, proclamando-as constituições, seja qual for o seu conteúdo, sem penetrarmos na sua essência. O *conceito* da Constituição – como demonstrarei logo – é a fonte primitiva da qual nascem a *arte* e a *sabedoria* constitucionais.

Repito, pois, minha pergunta: Que é uma Constituição? Onde encontrar a verdadeira essência, o verdadeiro conceito de uma Constituição?

Como o ignoramos, pois é agora que vamos desvendá-lo, aplicaremos um método que é de utilidade pôr em prática sempre que quisermos esclarecer o objeto de nossa investigação. Esse método é muito simples. Baseia-se em compararmos o objeto cujo conceito não conhecemos com outro semelhante, esforçando-nos para penetrar clara e nitidamente nas diferenças que afastam um do outro.

Lei e Constituição

Aplicando esse método, pergunto: Qual a diferença entre uma *Constituição* e uma *lei* ?

Ambas, a lei e a Constituição, têm, evidentemente, uma essência genérica comum.

Uma Constituição, para reger, necessita de aprovação legislativa, isto é, tem que ser *também lei.* Todavia, não é uma lei como as outras, uma *simples* lei: é *mais do que isso.* Entre os dois conceitos não existem somente afinidades; há também dessemelhanças. Estas fazem com que a Constituição seja *mais do que simples lei,* e eu poderia demonstrá-las com centenas de exemplos.

O país, por exemplo, não protesta pelo fato de constantemente serem aprovadas novas leis; pelo contrário, todos nós sabemos que se torna necessário que todos os anos seja criado maior ou menor número de leis. Não pode, porém, decretar-se uma *única lei que seja,* nova, sem alterar a situação legislativa vigente no momento da sua aprovação. Se a nova lei não motivasse modificações no aparelhamento legal vigente, seria absolutamente supérflua e não teria motivos para ser a mesma aprovada. Por isso, não protestamos quando as leis são modificadas, pois notamos, e estamos cientes disso, que é essa a missão normal e natural dos governos. Mas, quando mexem na Constituição, protestamos e gritamos: "Deixem a Constituição!" Qual é a origem dessa diferença? Essa diferença é tão inegável, que existem, até, constituições que dispõem taxativamente que a Constituição não poderá ser alterada *de modo algum,* noutras, consta que para reformá-la não é bastante que uma simples maioria assim o deseje, mas que será necessário obter dois terços dos votos do Parlamento; existem ainda algumas onde se declara que não é da competência dos corpos legislativos sua modificação, nem mesmo unidos ao Poder Executivo, senão que para reformá-la deverá ser nomeada uma nova Assembleia Legislativa, *ad hoc*, criada expressa e exclusivamente para esse fim, para que a mesma se manifeste acerca da oportunidade ou conveniência de ser a Constituição modificada.

Todos esses fatos demonstram que, no espírito unânime dos povos, uma Constituição deve ser qualquer coisa de mais sagrado, de mais firme e de mais imóvel que uma lei comum.

Faço outra vez a pergunta anterior: Qual a diferença entre uma Constituição e uma simples lei?

A essa pergunta responderão: Constituição não é uma lei como as outras, é uma *Lei Fundamental* da nação. É possível, meus senhores, que nessa resposta se encontre, embora de modo obscuro, a verdade que estamos investigando. Mas a mesma, assim formulada, de forma bastante confusa, não pode deixar-nos satisfeitos. Imediatamente surge, substituindo a outra, esta interrogação: como distinguir uma lei da Lei Fundamental? Como veem, continuamos onde começamos. Somente ganhamos um vocábulo novo, ou melhor, um termo novo, "Lei Fundamental", que de nada nos servirá enquanto não soubermos explicar qual é, repito, a diferença entre *Lei Fundamental* e outra lei qualquer.

Intentemos, pois, nos aprofundar um pouco mais no assunto, indagando que ideias ou que noções são as que vão associadas a esse nome de *Lei Fundamental;* ou, em outros termos, como poderíamos distinguir uma *Lei Fundamental* de outra lei qualquer para que a primeira possa justificar o nome que lhe foi assinalado.

Para isso ,será necessário:

1º - Que a Lei Fundamental seja uma lei *básica,* mais do que as outras comuns, como indica seu próprio nome: "fundamental".

2° - Que constitua - pois de outra forma não poderíamos chamá-la de fundamental - o verdadeiro fundamento das outras leis; isto é, a *Lei Fundamental,* se realmente pretende ser merecedora desse nome, deverá informar e engendrar as outras leis comuns originárias da mesma. A *Lei Fundamental,* para sê-lo, deverá, pois, atuar e *irradiar-se* através das leis comuns do país.

3º - Mas as coisas que têm um *fundamento* não o são por um capricho; existem porque *necessariamente* devem existir. O fundamento a que respondem não permite serem de *outro modo.* Somente as coisas que *carecem de fundamento,* que são as casuais e as fortuitas, podem ser como são ou mesmo de qualquer outra forma; as que possuem um *fundamento,* não. Elas se regem pela *necessidade.* Os planetas, por exemplo, movem-se de um modo determinado. Esse movimento responde a causas, a fundamentos exatos, ou não? Se não existissem tais fundamentos, sua trajetória seria casual e poderia variar a todo momento, quer dizer, seria variável. Mas se de fato responde a um fundamento, se é o resultado, como pretendem os cientistas, da força de atração do Sol, isto é bastante para que o movimento dos planetas seja regido e governado de tal modo por esse fundamento que não possa ser de outro modo, a não ser tal como de fato é. A ideia de fundamento traz, implicitamente, a noção de uma *necessidade ativa,* de uma força eficaz e determinante que atua sobre tudo que nela se baseia, *fazendo-a assim e não de outro modo.*

Sendo a Constituição a *Lei Fundamental* de uma nação, será - e agora já começamos a sair das trevas - qualquer coisa que logo poderemos definir e esclarecer, ou, como já vimos, uma *força ativa* que faz, por uma *exigência da necessidade,* que todas as outras leis e instituições jurídicas vigentes no país *sejam o que realmente são.* Promulgada, a partir desse instante, não *se pode* decretar, naquele país, embora possam querer, *outras leis contrárias à fundamental.*

Muito bem, pergunto eu, será que *existe* em algum país - e fazendo essa pergunta os horizontes clareiam -, alguma *força ativa,* que possa influir de tal forma em todas as leis do mesmo, que *as obrigue a ser necessariamente,* até certo ponto, o *que são e como são, sem poderem ser de outro modo?*

Os Fatores Reais do Poder

Essa incógnita que estamos investigando apoia-se, simplesmente, nos *fatores reais do poder* que regem uma determinada sociedade.

Os fatores reais do poder que atuam no seio de cada sociedade são essa *força ativa* e eficaz que informa todas as leis e instituições jurídicas vigentes, determinando que *não possam ser,* em substância, *a não ser tal como elas são.*

Vou esclarecer isso com um exemplo. Naturalmente, esse exemplo, como vou expô-lo, não pode realmente acontecer. Muito embora esse exemplo possa dar-se de outra forma, não interessa sabermos se o fato pode ou *não acontecer,* mas, sim, o que o exemplo nos possa *ensinar se* este chegasse a ser realidade.

Não ignoram os meus ouvintes que na Prússia somente os textos publicados na Coleção Legislativa têm força de lei. Essa Coleção imprime-se numa tipografia concessionária instalada em Berlim. Os originais das leis guardam-se nos arquivos do Estado; e em outros arquivos, bibliotecas e depósitos, guardam-se as coleções legislativas impressas.

Vamos supor, por um momento, que um grande incêndio irrompeu e que nele queimaram-se todos os arquivos do Estado, todas as bibliotecas públicas, que o sinistro destruísse também a tipografia concessionária onde se imprimia a Coleção Legislativa e que ainda, por uma triste coincidência - estamos no terreno das suposições - igual desastre ocorresse em todas as cidades do país, desaparecendo inclusive todas as bibliotecas particulares onde existissem coleções, de tal maneira que em toda a Prússia não fosse possível achar um único exemplar das leis do país. Suponhamos que um país, por causa de um sinistro, ficasse sem *nenhuma* das leis que o governavam e que por força das circunstâncias fosse necessário decretar *novas* leis.

Nesse caso, o legislador, completamente livre, poderia fazer leis de capricho ou de acordo com o seu próprio modo de pensar?

A Monarquia

Considerando a pergunta que encerra o item anterior, suponhamos que os senhores respondam: Visto que as leis *desapareceram* e que vamos redigir outras completamente *novas,* desde os alicerces até o telhado, nelas não reconheceremos à monarquia as prerrogativas de que até agora gozou ao amparo das leis destruídas; mais ainda, não respeitaremos prerrogativas nem atribuições de espécie alguma. Enfim, não queremos a monarquia.

O monarca responderia assim: Podem estar destruídas as leis, porém a *realidade* é que o Exército subsiste e me obedece, acatando minhas ordens; a *realidade* é que os comandantes dos arsenais e quartéis põem na rua os canhões e as baionetas quando eu o ordenar. Assim, apoiado neste poder real, efetivo, das baionetas e dos canhões, não tolero que venham me impor posições e prerrogativas em desacordo comigo.

Como podeis ver, um rei a quem obedecem o exército e os canhões é uma parte da Constituição.

A Aristocracia

Reconhecido o papel do rei e do exército, suponhamos agora que os senhores dissessem: Somos tantos milhões de pessoas, entre as quais somente existe um punhado cada vez menor de grandes proprietários de terras pertencentes à nobreza. Não sabemos por que esse punhado, cada vez menor, de grandes proprietários agrícolas possui tanta influência nos destinos do país como os restantes milhões de habitantes reunidos, formando somente eles uma Câmara Alta que fiscaliza os acordos da Câmara dos Deputados, eleita esta pelos votos de todos os cidadãos, recusando sistematicamente todos os acordos que julgarem prejudiciais aos seus interesses. Imaginemos que os meus ouvintes dissessem: Destruídas as leis do passado, somos todos "iguais" e não precisamos absolutamente "para nada" da Câmara Senhorial.

Reconheço que não seria fácil à nobreza atirar contra o povo e que assim pensassem seus exércitos de camponeses. Possivelmente, teriam mais que fazer para livrar-se de suas forças privadas.

Mas a gravidade do caso é que os grandes fazendeiros da nobreza tiveram sempre grande influência na Corte e essa influência garante-lhes a saída do Exército e dos canhões para seus fins, como se este aparelhamento da força estivesse "diretamente" ao seu dispor.

Vejam, pois, como uma nobreza influente e bem-vista pelo rei e sua corte é também uma parte da Constituição.

A Grande Burguesia

Suponhamos agora o inverso. Suponhamos que o rei e a nobreza, aliados entre si para restabelecer a organização medieval, mas não ao pequeno proprietário, pretendessem impor o sistema que dominou na Idade Média, aplicando-o a toda a organização social, sem excluir a grande indústria, as fábricas e a produção mecanizada. Sabe-se que o "grande" capital não poderia, de forma alguma, progredir e mesmo viver sob o sistema medieval que impediria seu desenvolvimento. Entre outros motivos, porque este regime levantaria uma série de barreiras legais entre os diversos ramos de produção, por muita afinidade que os mesmos tivessem, e nenhum industrial poderia reunir duas ou mais indústrias em suas mãos. Nesse caso, por exemplo, entre as corporações dos fabricantes de pregos e os ferreiros existiriam constantes processos para deslindar as suas respectivas jurisdições; a estamparia não poderia empregar em sua fábrica somente um tintureiro, etc. Ademais, sob o sistema gremial daquele tempo, estabelecer-se-ia por lei a quantidade estrita de produção de cada industrial e cada indústria somente poderia ocupar um determinado número de operários por igual.

Isso basta para compreender que a grande produção, a indústria mecanizada, não poderia progredir com uma Constituição do tipo gremial. A grande indústria exige, sobretudo e necessita como o ar que respiramos - ampla liberdade de fusão dos mais diferentes ramos do trabalho nas mãos de um mesmo capitalista, necessitando, ao mesmo tempo, da produção em "massa" e da livre concorrência, isto é, a possibilidade de empregar quantos operários necessitar, *sem restrições*.

Que viria a acontecer se nessas condições, e a despeito de tudo, obstinadamente implantassem hoje a Constituição gremial?

Aconteceria que os senhores industriais, os grandes industriais de tecidos, os fabricantes de sedas, etc., fechariam as suas fábricas, despedindo os seus operários; e até as companhias de estradas de ferro seriam obrigadas a agir da mesma forma. O comércio e a indústria ficariam paralisados, grande número de pequenos industriais seriam obrigados a fechar suas oficinas e essa multidão de homens sem trabalho sairia à praça pública pedindo, exigindo pão e trabalho. Atrás dela, a grande burguesia, animando-a com a sua influência e seu prestígio, sustentando-a com o seu dinheiro, viria fatalmente à luta, na qual o triunfo não seria certamente das armas.

Demonstra-se, assim, que os grandes industriais, enfim, são todos, também, um fragmento da Constituição.

Os Banqueiros

Imaginemos, por um momento, que o governo pretendesse implantar uma dessas medidas excepcionais, abertamente lesivas aos interesses dos grandes banqueiros. Que o governo entendesse, por exemplo, que o Banco da Nação não foi criado para a função que hoje cumpre: *baratear mais ainda* o crédito aos grandes banqueiros e aos capitalistas que possuem, por razão natural, todo o crédito e todo o dinheiro do país. Mas suponhamos que os grandes banqueiros passem a intermediar numerário daquele estabelecimento bancário para tomar acessível o crédito à gente humilde e à classe média. Suponhamos isso e, também, que ao Banco da Nação pretendessem dar a organização adequada para obter esse resultado.

Poderia isso prevalecer?

Não vou dizer que isso desencadeasse uma revolta, mas o governo não poderia impor presentemente uma medida semelhante.

Demonstrarei por quê.

De vez em quando, o governo sente apertos financeiros devido à necessidade de investir *grandes quantias de* dinheiro que não tem coragem de tirar do povo por meio de novos impostos ou aumento dos existentes. Nesses casos, fica o recurso de absorver o dinheiro do futuro ou, o que é a mesma coisa, contrair empréstimos, entregando em troca do dinheiro que recebe adiantadamente papel da dívida pública.

Para isso, necessita dos banqueiros.

É certo que, mais dia, menos dia, a maior parte daqueles títulos da dívida volta às mãos da gente rica e dos pequenos capitalistas do país; mas isso requer tempo, às vezes muito tempo, e o governo necessita do dinheiro *logo e de uma vez* ou em prazos breves. Para conseguir o dinheiro, serve-se dos particulares, isto é, de intermediários que lhe adiantem as quantias de que precisa, correndo depois por sua conta a colocação, pouco a pouco, do papel da dívida, locupletando-se também com a alta da cotação que a esses títulos dá a bolsa artificialmente. Esses intermediários são os grandes banqueiros e, por esse motivo, a nenhum governo convém, hoje em dia, indispor-se com os mesmos.

Vemos, mais uma vez, que também os grandes banqueiros, sejam eles quem forem, a bolsa, inclusive, são também partes da Constituição.

Suponhamos que o governo intentasse promulgar uma lei penal semelhante à que prevaleceu durante algum tempo na China, punindo na pessoa dos pais os roubos cometidos pelos filhos. Essa lei não poderia viger, pois contra ela se levantaria o protesto, com toda a energia possível, da cultura coletiva e da consciência social do país. Todos os funcionários, burocratas e conselheiros do Estado ergueriam as mãos para o céu, e até os sisudos senadores teriam que discordar de tamanho absurdo. É que, *dentro de certos limites,* também a consciência coletiva e a cultura geral da nação são partículas, e não pequenas, da Constituição.

A Pequena Burguesia e a Classe Operária

Imaginemos agora que o governo, querendo proteger e satisfazer os privilégios da nobreza, dos banqueiros, dos grandes industriais e dos grandes capitalistas, tentasse privar das suas liberdades *políticas* a pequena burguesia e a classe operária.

Poderia fazê-lo?

Infelizmente, sim; poderia, mesmo que fosse transitoriamente. Os fatos nos demonstram que poderia.

Mas, e se o governo pretendesse tirar à pequena burguesia e ao operariado não somente as suas liberdades *políticas,* mas a sua liberdade *pessoal,* isto é, pretendesse transformar o trabalhador em escravo ou servo, retomando à situação em que se viveu durante os tempos da Idade Média? Subsistiria essa pretensão?

Não, embora estivessem aliados ao rei a nobreza e toda a grande burguesia.

Seria tempo perdido.

O povo protestaria, gritando: Antes morrer do que sermos escravos! A multidão sairia à rua sem necessidade de que os seus patrões fechassem as fábricas; a pequena burguesia juntar-se-ia solidariamente com o povo e a resistência desse bloco seria invencível, pois nos casos extremos e desesperados também o povo, nós todos, somos uma parte integrante da Constituição.

Os Fatores Reais do Poder e as Instituições Jurídicas – A Folha de Papel

Esta é, em síntese, em essência, a Constituição de um país: *a soma dos fatores reais do poder que regem uma nação.*

Mas que relação existe com o que vulgarmente chamamos Constituição? Com a Constituição jurídica? Não é difícil compreender a relação que ambos os conceitos guardam entre si. Juntam-se esses fatores *reais* do poder, os escrevemos em uma folha de papel, e eles adquirem expressão *escrita. A* partir desse momento, incorporados a um papel, não são simples fatores *reais do poder,* mas, sim, verdadeiro *direito* – instituições *jurídicas.* Quem atentar contra eles, atenta contra a lei, e, por conseguinte é punido.

Ninguém desconhece o processo que se segue para transformar esses escritos em fatores *reais* do poder, transformando-os dessa maneira em fatores *jurídicos.*

Está claro que não aparece neles a declaração de que os senhores capitalistas, o industrial, a nobreza e o povo são um fragmento da Constituição ou de que o banqueiro X é outro pedaço da mesma. Não, isso se define de outra maneira, mais limpa, mais diplomática.

O Sistema Eleitoral das Três Classes

Por exemplo, se o que se quer dizer é que determinados industriais e grandes capitalistas terão tais e quais prerrogativas no governo e que o povo - operários, agricultores e pequenos-burgueses - também tem certos direitos, não se fará constar com essa clareza e, sim, de modo diferente. O que se fará será simplesmente decretar uma lei, como a célebre lei eleitoral das "três classes" que vigorou na Prússia desde o ano de 1849,[1] que dividia a nação em três grupos eleitorais, de acordo com os impostos por eles pagos e que, naturalmente, estariam de acordo também com as posses de cada eleitor.

1 Vigorou até a Revolução de 1918.

Segundo a estatística oficial organizada naquele ano (1849) pelo governo, existiam na Prússia 3.255.703 eleitores, que ficavam assim divididos:

Primeiro grupo	153.808
Segundo grupo	409.945
Terceiro grupo	2.691.950

Por essa estatística eleitoral, vemos que na Prússia existiam 153.808 pessoas riquíssimas que possuíam tanto poder político como os 2.691.950 cidadãos modestos, operários e camponeses juntos, e que esses 153.808 indivíduos de máximos cabedais, somados aos 409.945 eleitores de posses médias, que integravam a segunda classe, possuíam tanto poder político como o resto da nação. Ainda mais: os 153.808 grandes capitalistas e somente a metade dos 409.945 membros do segundo grupo dispunham de maior força política que a metade restante da segunda categoria somada aos 2.691.950 eleitores desprovidos de riqueza.

Verifica-se que por esse meio cômodo se chega exatamente ao mesmo resultado como se na Constituição constasse: o opulento terá o mesmo poder político que 17 cidadãos comuns, ou melhor, nos destinos políticos do país o capitalista terá uma influência 17 vezes maior que um simples cidadão sem recursos.

Antes da promulgação da lei eleitoral das três classes, vigia legalmente, até 1848, o *sufrágio universal,* que garantia a todo cidadão, fosse rico ou pobre, o *mesmo direito* político, as mesmas atribuições para intervir na administração do Estado. Está assim demonstrada a afirmativa que fiz anteriormente de que era bastante fácil, legalmente, usurpar aos trabalhadores e à pequena burguesia as suas *liberdades políticas,* sem entretanto despojá-los de modo *imediato* e *radical* dos bens pessoais constituídos pelo direito à integridade física e à propriedade. Os governantes não tiveram muito trabalho para privar o povo dos direitos eleitorais e, até agora, não sei se foi feita qualquer campanha de protesto para recuperar esses direitos.

O Senado

Se na Constituição o governo quer que fique estabelecido que alguns grandes proprietários da aristocracia reúnam em suas mãos tanto poder como os ricos, a gente acomodada e os deserdados da fortuna (isto é, como os eleitores das três classes reunidas, como o resto da nação), o legislador cuidará também de fazê-lo, mas de maneira que não o diga tão às claras, tão grosseiramente, bastando para isso dizer na Constituição: os representantes da *grande propriedade sobre* o solo, que o forem por tradição, e mais alguns outros elementos secundários, formarão uma câmara senhorial, em senado, com atribuições de aprovar ou não os acordos feitos pela câmara dos deputados eleitos pela nação, que não terão valor legal se os mesmos forem rejeitados pelo senado.

Isso equivale a pôr nas mãos de um grupo de velhos proprietários uma prerrogativa política formidável que lhes permitirá contrabalançar a vontade nacional e de todas as classes que a compõem, por mais *unânime* que seja essa vontade.

O Rei e o Exército

E se continuando por esse caminho aspiramos a que o rei por si só possua tanto poder político, e, mais ainda, que as três classes de eleitores reunidas, inclusive a nobreza, não será necessário mais do que redigir um artigo que reze assim: O rei nomeará todos os cargos do Exército e da Marinha;[2] acrescentando mais um artigo: Ao Exército e à Marinha não será exigido o juramento de guardar a Constituição.[3] E, se isso parecer ainda pouco, acrescentar-se-á à teoria, que não deixa de ter seu fundo de verdade, que o rei ocupa frente ao exército uma posição muito diferente daquela que lhe corresponde comparativamente

2 Artigo 47 da Constituição Prussiana de 1848.

3 Artigo 198 da mesma

com as outras instituições do Estado. Dir-se-ia que o rei, como comandante das forças militares do país, não é somente rei, é qualquer coisa mais, algo especial, misterioso e desconhecido, para cuja denominação inventaram a expressão *chefe supremo das forças de mar e terra.* Por isso, nem a câmara dos deputados nem mesmo a nação têm que preocupar-se com o Exército, nem intervir nos seus assuntos e organização, limitando-se somente a votar as quantias necessárias para que a instituição subsista.

E não pode negar-se que essa teoria tem seu apoio no artigo 108 da Constituição prussiana. Se esta dispõe que o exército não necessita prestar juramento de acatar a Constituição, como é o dever de todos os cidadãos da nação e do próprio rei, *isso equivale, em princípio, a reconhecer que o exército fica à margem da Constituição e fora da sua jurisdição,* que nada tem a ver com ela, que somente precisa prestar contas do que faz *à pessoa do rei,* sem manter relações com o resto do país.

Conseguido isso, reconhecida ao rei a atribuição de preencher todos os postos vagos do exército e colocado este sob a sujeição pessoal do rei, este consegue por si reunir um poder muito superior ao que goza a nação inteira, supremacia esta que ficaria diminuída embora o poder efetivo da nação fosse dez, vinte ou cinquenta vezes maior do que o do Exército.

A razão aparente desse contrassenso é simples.

O Poder Organizado e o Poder Inorgânico

O instrumento do poder político do rei, o Exército, *está organizado, pode reunir-se* a qualquer hora do dia ou da noite, funciona com uma disciplina única e pode ser utilizado a qualquer momento que dele se necessite.

Entretanto, o poder que se apoia na nação, meus senhores, embora seja, como de fato o é, infinitamente maior, não está organizado. A vontade do povo, e, sobretudo seu grau de acometimento, não é sempre fácil de pulsar, mesmo por aqueles que dele fazem parte. Perante a iminência do início de uma ação, nenhum deles é capaz de contar a soma dos que irão tentar defendê-la. Ademais, a nação carece desses instrumentos do poder organizado, desses fundamentos tão importantes de uma Constituição como acima demonstramos, isto é, dos *canhões.* É verdade que os canhões adquirem-se com o dinheiro fornecido pelo povo; certo também que se constroem e se aperfeiçoam graças às ciências que se desenvolvem no seio da sociedade civil: à física, à técnica, etc. Somente o fato de sua existência demonstra como é grande o poder da sociedade civil, até onde chegaram os progressos das ciências, das artes técnicas, dos métodos de fabricação e do trabalho humano. Mas aqui calha a frase de Virgílio: *Sie vos non vobis!* Tu, povo, fabrica-os e paga-os, mas não para ti! Como os canhões são fabricados sempre para o poder *organizado* e somente para ele, a nação sabe que essas máquinas de destruição e de morte, testemunhas latentes de todo o seu poder, a metralharão infalivelmente se se revoltar.

Essas razões explicam por que uma força organizada pode sustentar-se anos a fio, sufocando o poder, muito mais forte, porém desorganizado, do país. Mas a população, um dia, cansada de ver os assuntos nacionais tão mal administrados e pior regidos e que tudo é feito contra sua vontade e os interesses gerais da nação, pode se levantar contra o poder organizado, opondo-lhe sua formidável supremacia, embora desorganizada.

Tenho demonstrado a relação que guardam entre si as duas constituições de um país: essa *Constituição real e efetiva,* integralizada pelos fatores reais de poder que regem a sociedade, e essa outra *Constituição escrita,* à qual, para distingui-la da primeira, vamos denominar *folha de papel.*[4]

4 Alusão à célebre frase de Frederico Guilherme IV, que disse: "Julgo-me obrigado a fazer agora, solenemente, a declaração de que nem no presente nem para o futuro permitirei que entre Deus do céu e o meu país se interponha uma folha de papel escrita como se fosse uma segunda Providência."

Capítulo II

Sobre a História Constitucionalista

A Constituição Real e Efetiva

Uma Constituição *real* e *efetiva* a possuíram e a possuirão sempre todos os países, pois é um erro julgarmos que a Constituição é uma prerrogativa dos tempos modernos. Não é certo isso.

Da mesma forma, e pela mesma lei da necessidade de que todo corpo tenha uma Constituição própria, boa ou má, estruturada de uma ou de outra forma, todo país tem, necessariamente, uma Constituição *real* e *efetiva,* pois não é possível imaginar uma nação onde não existam os fatores reais do poder, *quaisquer que* eles sejam.

Muito tempo antes de irromper a grande Revolução Francesa, sob a monarquia legítima e absoluta de Luís XVI, quando o poder imperante aboliu na França, por Decreto de 03 de fevereiro de 1776, as prestações pessoais para a construção de vias públicas, onde os agricultores eram obrigados a trabalhar gratuitamente na abertura e construção de rodovias e caminhos, determinando a criação, para atender às despesas de construção, de um imposto pago inclusive pela nobreza, o

Parlamento francês protestou, opondo-se a essa medida: "*Le peuple de France est taillable et corvéable à volonté, c'est une partie de la constitution que le roi ne peut changer.*"[5]

Vejam como, mesmo naquele tempo, já falavam de uma Constituição e lhe reconheciam tal virtude, que nem o próprio rei podia mexer nela; tal como agora. Aquilo que a nobreza francesa chamava de Constituição, ou seja, a norma pela qual o povo - os deserdados da fortuna - era obrigado a suportar o peso de todos os impostos e prestações que lhe quisessem impor, não estava, é certo, escrito em nenhum papel ou documento especial. Em nenhum documento constavam os direitos do povo e os do governo; era pois a expressão simples e clara dos *fatores reais do poder* que vigoravam na França medieval. É que na Idade Média, o povo era *realmente* tão impotente que podiam impor-lhe os maiores sacrifícios e tributos à vontade do legislador. A realidade era esta: o povo estava sempre por baixo e devia continuar assim.

Essas *tradições, de fato,* assentavam-se nos chamados *precedentes,* que ainda hoje na Inglaterra, acompanhando o exemplo universal da Idade Média, têm uma importância formidável nas chamadas questões constitucionais. Nessa prática efetiva e tradicional de cargas e impostos, invocava-se frequentemente, como não podia deixar de ser, o *fato* de que o povo desde tempos remotos estava sujeito a essas cargas e, sobre esse precedente, continuava a norma de que assim podia continuar ininterruptamente.

A proclamação dessa norma constituía a base do *Direito Constitucional.*

Às vezes, dava-se expressão especial sobre um pergaminho, uma dessas manifestações que tinha sua raiz nas realidades do poder. E assim surgiram os foros, as liberdades, os direitos especiais, os privilégios, os estatutos e as cartas outorgadas de uma casta, de um grêmio, de uma vila, etc.

---

5 O povo da França - isto é, os deserdados - pode estar sujeito a impostos e prestações sem limite, e é esta uma parte da Constituição que nem o rei pode modificar.

Todos esses fatos e precedentes, todos esses princípios de direito público, esses pergaminhos, esses foros, estatutos e privilégios reunidos formavam a Constituição do país, sem que todos eles, por sua vez, fizessem outra coisa que não exprimir, de modo simples e sincero, os fatores *reais* do poder que regiam o país.

Assim, pois, todos os países possuem ou possuíram sempre e em todos os momentos da sua história uma Constituição *real* e *verdadeira*. A diferença nos tempos modernos - e isso não deve ficar esquecido, pois tem muitíssima importância - não são as constituições reais e efetivas, mas, sim, as *constituições escritas nas folhas de papel.*

De fato, na maioria dos Estados modernos, vemos aparecer, num determinado momento da sua história, uma Constituição escrita, cuja missão é a de estabelecer *documentalmente,* numa folha de papel, todas as instituições e princípios do governo vigente.

Qual é o ponto de partida desta aspiração própria dos tempos modernos?

Também isso é uma questão importantíssima e não há outro remédio senão estudá-la para sabermos a atitude que devemos adotar perante a obra constitucional, o juízo que devemos formar a respeito das constituições que regem atualmente e a conduta que devemos seguir perante as mesmas, para chegarmos finalmente ao seu conhecimento e a possuir uma *arte* e uma *sabedoria constitucionais.*

Repito: De onde provém essa aspiração, própria dos tempos modernos, de possuir uma Constituição escrita?

Vejamos.

Somente pode ter origem, evidentemente, no fato de que nos *elementos reais do poder* imperantes dentro do país se tenha operado uma *transformação.* Se não se tivessem operado transformações nesse conjunto de fatores da sociedade em questão, se esses fatores do poder continuassem sendo os mesmos, não teria cabimento que essa mesma sociedade desejasse uma Constituição para si. Acolheria tranquilamente a antiga ou, quando muito, juntaria os elementos dispersos num único documento, numa única Carta Constitucional.

Mas perguntarão: como podem se dar essas transformações que afetam os fatores reais do poder de uma sociedade?

Constituição Feudal

Em resposta ao item anterior, ilustremos, por exemplo, com um Estado pouco povoado da Idade Média, como acontecia naquele tempo, sob o domínio governamental de um *príncipe* e com uma nobreza que açambarcou a maior parte da propriedade territorial. Como a população é escassa, somente uma parte muito pequena da mesma pode dedicar as suas atividades à indústria e ao comércio; a imensa maioria dos habitantes não tem outro recurso a não ser cultivar a terra para obter da agricultura os produtos necessários para viver. Não devemos esquecer que a maior parte das terras está sob o domínio da aristocracia e que por esse motivo os que as cultivam encontram emprego nesses serviços: uns como feudatários, outros como servos, outros, enfim, como colonos do senhor feudal; mas em todos esses feudatários, verdadeiros vassalos, há, um ponto de coincidência: são todos eles submetidos ao poder da nobreza que os obriga a formar suas hostes e a tomar as armas para fazerem a guerra aos seus vizinhos, para resolver seus litígios ou suas ambições. Ademais, com as sobras dos produtos agrícolas que tira de suas terras, o senhor aumenta as suas hostes, contratando e trazendo para seus castelos chefes de armas e soldados, escudeiros e criados.

Por sua vez, o *príncipe* não possui para afrontar esse poder da nobreza outra força efetiva, no fundo, senão a própria força dos que compõem a nobreza, que obedecem e atendem suas ordens guerreiras, pois a ajuda que lhe podem prestar as vilas, pouco povoadas e pouco numerosas, é insignificante.

Qual seria, pois, a Constituição de um Estado desses?

Não é difícil responder, pois a resposta provém necessariamente desse número de fatores reais do poder que acabamos de examinar.

A Constituição desse país não pode ser outra coisa que uma Constituição feudal, na qual a nobreza ocupa um lugar de destaque. O *príncipe* não poderá criar sem seu consentimento novos impostos e somente ocupará entre eles a posição de *primus inter pares,* isto é, o primeiro posto entre seus iguais hierárquicos.

Esta era, meus senhores, a Constituição prussiana e a da maior parte dos Estados na Idade Média.

Absolutismo

Continuando, vamos supor o seguinte: a população cresce e multiplica-se constantemente, a indústria e o comércio progridem e seu progresso facilita os recursos necessários para fomentar novas mudanças, transformando as vilas em cidades. Nasce ao mesmo tempo a pequena burguesia, e os grêmios das cidades começam a desenvolver-se também, circulando o dinheiro e formando os capitais e a riqueza particular.

Que resultaria disso?

Que essas mudanças da população urbana que não depende da nobreza, que contrariamente tem interesses opostos a esta, contribuirão, no começo, para beneficiar o príncipe, reforçando as hostes armadas que o acompanham e aumentando os seus recursos obtidos com os subsídios dos burgueses e dos grêmios. Mas as contínuas lutas entre os nobres acarretam aos seus interesses grandes prejuízos. Eles passam a almejar, em benefício de seu comércio e de suas incipientes indústrias, a ordem e a tranquilidade pública e, ao mesmo tempo, a organização de uma justiça correta dentro do país, auxiliando o príncipe, para consegui-lo, com homens e com dinheiro. Por esses meios, poderá *o príncipe* dispor de bons soldados e de um Exército muito mais eficiente para opor aos nobres. Nesse pé, em seu interesse, o *príncipe* irá diminuindo as prerrogativas e poderes da nobreza; assaltará e arrasará os castelos dos nobres que resistam a obedecê-lo ou que violem as leis do país, e quando, finalmente, com o tempo, a indústria tiver desenvolvido bastante a riqueza pecuniária e a população tiver crescido de forma que permita ao *príncipe* possuir um *Exército permanente,* esse *príncipe* enviará seus batalhões contra a nobreza, como fez Frederico Guilherme I, em 1740, sob o lema: *"Je affirmerai la souveraineté comme un bronze de roche,"*[6] Ele obrigará a nobreza ao pagamento de impostos e acabará com a sua prerrogativa de receber qualquer tributo.

Patenteia-se, mais uma vez, que com a transformação dos *fatores reais do poder* transforma-se também a *Constituição vigente* no país: sobre os escombros da sociedade feudal, surge a monarquia *absoluta.*

Mas o *príncipe* não acredita na necessidade de se *pôr por escrito* a nova Constituição; a monarquia é uma instituição demasiado prática para proceder assim. O *príncipe tem* em suas mãos o instrumento real e efetivo do poder, tem o exército permanente, que forma a Constituição efetiva desta sociedade, e ele e os que o rodeiam dão expressão a essa ideia, dando ao país a denominação "estado militar".

A nobreza que reconhece que não mais pode competir com o *príncipe* renuncia a possuir um exército para defendê-la. Esquece rapidamente seus antagonismos com o *príncipe,* abandona seus castelos para concentrar-se na residência real, recebendo em troca disso uma pensão e contribui, com sua presença, para prestigiar a monarquia.

A Revolução Burguesa

No contexto que mostramos, a indústria e o comércio desenvolvem-se progressivamente e, ao mesmo tempo,

6 Afirmarei a soberania como um rochedo de bronze.

acompanhando esse surto de prosperidade, cresce a população e melhora o gênero de vida da mesma.

Há de parecer que esse progresso seja proveitoso ao *príncipe* porque cresce também seu exército e o seu poder; mas o desenvolvimento da sociedade burguesa chega a alcançar proporções imensas, tão gigantescas, que o *príncipe* não pode, nem auxiliado pelos seus exércitos, acompanhar na mesma proporção o aumento formidável do poder da burguesia.[7]

O Exército não consegue acompanhar o surto maravilhoso da população civil. Ao desenvolver-se em proporções tão extraordinárias, a burguesia começa a compreender que também é uma potência política independente. Paralelamente, com este incremento da população aumenta e divide-se a riqueza social em proporções incalculáveis, progredindo ao mesmo tempo, vertiginosamente, as indústrias, as ciências, a cultura geral e a consciência coletiva; outro dos fragmentos da Constituição.

Então, a população burguesa grita: Não posso continuar a ser uma massa submetida e governada sem contarem com a minha vontade; quero governar também e que o *príncipe* reine limitando-se a seguir a minha vontade e regendo meus assuntos e interesses.

E esse protesto da burguesia ficou gravado no relevante fato histórico da Prússia, no dia 18 de março de 1848.

E agora fica demonstrado que o exemplo do incêndio foi hipotético, é verdade. Os fatos anteriormente expostos, todavia, fizeram o mesmo que se um incêndio ou um furacão tivessem varrido a velha legislação nacional.

7 Em 1657, a cidade de Berlim tinha uma população de 20.000 habitantes e o Exército prussiano era de 30.000 homens; em 1819, a população era de 192.646 habitantes e o Exército da Prússia contava com 137.639 homens; mas, em 1846, com uma população em Berlim de mais de 389.000 pessoas, o exército era quase o mesmo, isto é, de 138.810 homens contra os 137.639 em 1819!

Capítulo III

Sobre a Constituição Escrita e a Constituição Real

A Arte e a Sabedoria Constitucionais

Quando num país irrompe e triunfa a revolução, o direito privado continua valendo, mas as leis do *direito público* desmoronam e se toma preciso fazer outras novas.

A Revolução de 1848 demonstrou a necessidade de se criar uma nova *Constituição escrita* e o próprio rei se encarregou de convocar em Berlim a Assembleia Nacional para estudar as bases de uma nova Constituição.

Quando podemos dizer que uma *Constituição escrita é boa e duradoura?*

A resposta é clara e parte logicamente de quanto temos exposto: Quando essa Constituição escrita *corresponder à Constituição real* e tiver suas raízes nos *fatores do poder que regem o país.*

Onde a Constituição *escrita* não corresponder à *real,* irrompe inevitavelmente um conflito que é impossível evitar e no qual, mais dia, menos dia, a Constituição escrita, a *folha de papel,* sucumbirá necessariamente, perante a Constituição real, a das verdadeiras forças vitais do país.

O Poder da Nação é Invencível

Em 1848, ficou demonstrado que o poder da nação é muito superior ao do exército e, por isso, depois de uma cruenta e longa luta, as tropas foram obrigadas a ceder.

Mas não devemos esquecer que entre o poder da nação e o poder do Exército existe uma diferença muito grande e, por isso, se explica que o poder do exército, embora em realidade inferior ao da nação, com o tempo seja mais eficaz que o poder do país, embora maior.

É que o poder desta é um poder desorganizado e o daquele é uma força organizada e disciplinada que se encontra a todo momento em condições de enfrentar qualquer ataque, vencendo sempre, a não ser nos casos isolados em que o sentimento nacional se aglutina e, num esforço supremo, vence o poder organizado do exército. Mas isso somente acontece em momentos históricos de grande emoção.

Para evitar isso, depois da vitória de 1848, para que não fosse estéril o esforço da nação, teria sido necessário que, aproveitando aquele triunfo, tivessem transformado o Exército tão radicalmente, que não voltasse a ser o instrumento de força a serviço do rei contra a nação.

Não se fez.

Mas isso se explica porque geralmente os reis têm ao seu serviço melhores servidores do que o povo. Os daquele são *práticos* e os do povo quase sempre são *retóricos;* aqueles possuem o instinto de agir no momento oportuno, estes fazem discursos nas horas em que os outros dão as ordens para que os canhões sejam postos na rua contra o povo.

Consequências

Para chegarmos ao verdadeiro conceito do que é uma Constituição, temos agido com grande cautela, lentamente. É possível que alguns dos meus ouvintes, muito impacientes, tenham achado o caminho um pouco longo para chegar ao fim almejado.

De posse desse resultado, as coisas desenvolveram-se depressa e, como agora já podemos encarar o problema com mais clareza, poderemos estudar diversos fatos que têm a sua origem nos diferentes pontos de vista que temos estudado.

Primeira consequência

Tivemos ocasião de ver que não foram adotadas as medidas que se impunham para substituir os fatores reais do poder dentro do país para transformar o Exército, de um Exército do rei num instrumento da nação.

Certo que foi feita uma proposta encaminhada para consegui-lo, que representava o primeiro passo para esse fim e que era a sugestão apresentada por Stein, na qual constavam medidas que teriam obrigado todos os oficiais reacionários a resignar seus postos, solicitando sua aposentadoria.

Aprovada essa proposta pela Assembleia Nacional de Berlim, toda a burguesia e a maior parte da população protestaram gritando: A Assembleia Nacional deve preocupar-se da nova Constituição e não perder seu tempo atacando o governo e provocando interpelações sobre assuntos que competem ao Poder Executivo!

Ocupai-vos da Constituição e somente da Constituição! – gritavam todos.

Como podem ver os meus ouvintes, aquela burguesia e a metade da população do país não tinham a mais remota ideia do que real e efetivamente era uma Constituição.

Para eles, fazer uma Constituição *escrita* era o de menos; não havia pressa. Uma Constituição escrita pode ser feita, num caso de urgência, em vinte e quatro horas; mas, fazendo-a dessa maneira, nada se consegue, se for *prematura.*

Afastar os fatores reais e efetivos do poder dentro do país, intrometer-se no Poder Executivo, imiscuir-se nele *tanto e de tal forma,* socavá-lo e transformá-lo de tal maneira que ficasse impossibilitado de aparecer como soberano perante a nação.

É isso o que quiseram evitar, era o que importava e urgia a fim de que mais tarde a Constituição escrita não fosse nada mais do que um pedaço de papel.

E como não se fez ao seu devido tempo, à Assembleia Nacional foi impossível organizar tranquilamente a sua Constituição por escrito; vendo então, embora tarde, que o Poder Executivo, ao qual tanto respeitara, em vez de pagar com a mesma moeda, deu-lhe um empurrão, valendo-se daquelas mesmas forças que, com delicadeza, a Assembleia conservara.

Segunda consequência

Suponhamos que a Assembleia Nacional não tivesse sido dissolvida, e que esta tivesse chegado ao seu fim sem contratempos; isto é, conseguir o estudo e a votação de uma Constituição para o país.

Se isto tivesse acontecido, que modificações teria havido na marcha das coisas?

Possivelmente nenhuma; mais categórico: absolutamente nada, e a prova está nos fatos. É certo que a Assembleia Nacional foi dissolvida, mas o próprio rei, recolhendo a papelada póstuma da Assembleia Nacional, proclamou em 05 de dezembro de 1848 uma Constituição que na maior parte de seus pontos correspondia exatamente àquela Constituição que da própria Assembleia Constituinte podíamos esperar.

Essa Constituição foi o próprio rei quem a proclamou; não foi obrigado a *aceitá-la;* não lhe foi *imposta;* decretou-a ele voluntariamente, do seu monumento de vencedor.

À primeira vista, parece que essa Constituição, por ter nascido assim, teria de ser mais viável e vigorosa.

Mas, infelizmente, não foi assim.

Podem os meus ouvintes plantar no seu quintal uma macieira e segurar no seu tronco um papel que diga: "Esta árvore é uma figueira." Bastará esse papel para transformar em figueira o que é macieira? Não, naturalmente. E embora conseguissem que seus criados, vizinhos e conhecidos, por uma razão de solidariedade, confirmassem a inscrição existente na árvore de que o pé plantado era uma figueira, a planta continuaria sendo o que realmente era e, quando desse frutos, destruiriam estes a fábula, produzindo maçãs e não figos.

Igual acontece com as constituições.

De nada servirá o que se escrever numa folha de papel, se não se justifica pelos fatos reais e efetivos do poder.

Com aquela folha de papel datada de 05 de dezembro de 1848, o rei, espontaneamente, concordava com uma porção de concessões, mas todas elas iam de encontro à Constituição real; isto é, contra os fatores reais do poder que o rei continuava a dispor, integralmente, em suas mãos.

E aconteceu o que forçosamente devia acontecer.

Com a mesma imperiosa necessidade que regula as leis físicas da gravidade, a Constituição real abriu caminho, passo a passo, até impor-se à Constituição *escrita*.

Assim, embora aprovada pela assembleia encarregada de revê-la, a Constituição de 05 de dezembro de 1848 foi modificada pelo rei, sem que ninguém o impedisse, com a célebre lei eleitoral de 1849 que estabeleceu os três grupos de eleitores, já expostos anteriormente.

A Câmara criada à raiz dessa lei eleitoral foi o instrumento por meio do qual podiam ser feitas na Constituição as reformas mais urgentes, a fim de que o rei pudesse jurá-la em 1850 e, uma vez feito o juramento, continuar a deturpá-la, a transformá-la sem pudor.

Desde essa data, não passou um único ano sem que a mesma fosse modificada.

Não existe bandeira, por muito velha e venerável que seja, por centenas de batalhas que tenha assistido, que possa apresentar tantos buracos e frangalhos como a famosa carta constitucional prussiana.

Terceira consequência

Quando, e os meus ouvintes sabem que um partido político tem por lema o grito angustioso "de cerrar fileiras em tomo da Constituição!", e o que devemos pensar?

Fazendo essa pergunta, não faço um apelo aos vossos *desejos,* não me dirijo à vossa *vontade.* Pergunto, simplesmente, como a homens *conscientes:* Que devemos pensar de um fato desses?

Estou certo de que sem serdes profetas respondereis prontamente: essa Constituição está nas últimas; podemos considerá-la morta, sem existência; mais uns anos e terá deixado de existir.

Os motivos são muito simples.

Quando uma Constituição escrita responde aos fatores reais do poder que regem um país, não podemos ouvir esse grito de angústia. Ninguém seria capaz de fazê-lo, ninguém poderia se aproximar da Constituição sem respeitá-la; com uma Constituição destas ninguém brinca se não quer passar mal.

Onde a Constituição reflete os fatores reais e efetivos do poder, não pode existir um partido político que tenha por lema o respeito à Constituição, porque ela já é respeitada, é invulnerável. Mau sinal quando esse grito repercute no país, pois isso demonstra que na Constituição *escrita* há qualquer coisa que não reflete a Constituição real, os fatores reais do poder.

E se isso acontecer, se esse divórcio existir, a Constituição escrita está liquidada: não existe Deus nem força capaz de salvá-la.

Essa Constituição poderá ser reformada *radicalmente,* virando-a da direita para a esquerda, porém mantida integralmente, nunca.

Somente o fato de existir o grito de alarme que incite a conservá-la é uma prova evidente da sua caducidade para aqueles que saibam ver com clareza. Poderão encaminhá-la para a *direita,* se o governo julgar necessária essa transformação para opô-la à Constituição escrita, adaptando-a aos fatores reais do poder, isto é, ao poder *organizado* da sociedade. Outras vezes é o poder *inorgânico* desta que se levanta para demonstrar que é superior ao poder organizado. Nesse caso, a Constituição se transforma virando para a *esquerda,* como anteriormente o tinha feito para a direita; mas num como noutro caso, a Constituição perece, está irremediavelmente perdida, não pode salvar-se.

Conclusões Práticas

Se os que me ouviram não se limitarem a seguir e meditar cuidadosamente sobre as minhas palavras, levando adiante as ideias que as animam, encontrar-se-ão de posse de todas as normas da arte e da sabedoria constitucionais.

Os problemas constitucionais não são problemas de *direito,* mas do poder; a *verdadeira* Constituição de um país somente tem por base os fatores reais e efetivos do poder que naquele país vigem e as constituições escritas não têm valor nem são duráveis a não ser que exprimam fielmente os fatores do poder que imperam na realidade social; eis aí os critérios fundamentais que devemos sempre lembrar.

Nessa conferência eu quis demonstrar de um modo especial o valor que representa o exército como fator decisivo e importantíssimo do poder organizado; mas também existem outros valores, como as organizações dos funcionários públicos, etc., que podem ser considerados também como forças orgânicas do poder de uma sociedade.

Se alguma vez os meus ouvintes ou leitores tiverem que dar seu voto para oferecer ao país uma Constituição, estou certo de que saberão como devem ser feitas essas coisas e que não limitarão a sua intervenção redigindo e assinando uma folha de papel, deixando *incólumes* as forças reais que mandam no país.

E não esqueçam, meus amigos, os governos têm servidores práticos, não retóricos, grandes servidores como eu os desejaria para o povo.

Epílogo

Ferdinand Lassalle e a Resistência *Völkisch* ao Constitucionalismo Alemão

Sobre a Constituição Escrita e a Constituição Real

Rosalina Corrêa de Araújo

Aurélio Wander Bastos, na introdução analítica deste livro, A Essência da Constituição, de Ferdinand Lassalle, destaca que o precursor da social democracia alemã, pioneiro do constitucionalismo moderno, ao escrever sobre o que é uma Constituição ensina o que não deve ser a essência da Constituição, porque mais reconhece que as Constituições não propriamente traduzem um projeto jurídico de organização autônoma do Estado e da sociedade, mas os interesses dos fatores reais de poder. Assim, para Ferdinand Lassalle no contexto constitucional de sua época, podemos registrar que a Constituição só tem eficácia se for expressiva dos fatores reais do poder.

A obra de Lassalle está marcada por um lado, pelo desenvolvimento do conceito de fatores reais de poder, que na sua concepção está associada às forças políticas dominantes na Alemanha, muito especialmente na Prússia, desde suas origens formativas, assim como ele não deixa de destacar que elas são alimentadas pela cultura tradicionalista de baixa influência liberal, ao contrário da França pela Inglaterra. Por outro lado, este livro está marcado pelos efeitos da Revolução prussiana de 1848, quando as novas forças sociais alemãs, a incipiente massa trabalhadora, iniciou o seu processo de deslocamento das áreas rurais e do interior do país para as grandes cidades como Berlim, Frankfurt, Hamburgo e Leipzig em busca de novas oportunidades de trabalho.

Nesse movimento, os trabalhadores se contrapuseram, na sua expectativa, à tradicional aristocracia do estado e da sociedade alemã, àquela época presidida pelos valores de honra e lealdade e politicamente dominada pelos *junquers* titulares da vida agrária prussiana e com grande influência na composição do exército, conforme anotado no prefácio, por Aurélio Wander Bastos. Os prussianos monárquicos, por isso mesmo, em descompasso com a história européia, já vinham enfrentando os ideais da burguesia ascendente herdados da revolução francesa: liberdade, propriedade, lucro e prosperidade, bandeiras remanescentes da presença de Napoleão Bonaparte (1815) no seu dividido território.

No contexto geral desta obra, não se pode deixar de reconhecer, também, que o ano de 1848 foi aquele que marcou a aproximação de Ferdinand Lassalle com Karl Marx, pensador alemão que procurou reverter as tendências políticas da vida alemã a partir da sua visão dialética e economicista da história. Marx priorizava o determinismo do real sobre o ideal, e desprezava a tradição romântica alemã profundamente marcada pela influência idealista de Friedrich Hegel e pelo imperativo ético de Immanuel Kant, que entendiam que o agente positivo da história era o estado enquanto imagem e ato da razão (in Bastos, Aurélio Wander: Teoria e Sociologia do Direito, Freitas Bastos, 5ª ed.,2012, p. 35).

Lassalle, precursor do constitucionalismo alemão, embora reconhecesse o mérito teórico de Karl Marx, historicamente não conseguiu desvincular-se do ideal jurídico enquanto projeto de construção da ordem jurídica, mas, por longo tempo, abraçou a formatação do projeto social democrático, que veio a influir em toda a história moderna e contemporânea da Alemanha. Todavia, nesse contexto, Lassalle e todo pensamento renovador alemão, inclusive o pensamento liberal, enfrentou a contraposição da tradição romântica, identificada no pensamento e na vocação restauradora incentivada pela clássica leitura do movimento *volkisch* (ver também conceito de Friedrich Karl von Savigny sobre o *volksgeist* enquanto *espírito do povo,* in Bastos, op. cit. p. 54-56).

Esse movimento simbolizava a resistência alemã, não apenas ao liberalismo, mas também à social democracia, procurando proteger não somente o romantismo cultural (*kultur*) mas os seus guardiães reais, os *junquers,* como observamos, aristocratas remanescentes e politicamente sobreviventes, principalmente na estrutura monárquica da Prússia. Por isso, a verdadeira expressão do poder real (realidade) político e econômico, estava com os detentores da grande propriedade alemã, titulares da nobreza que contavam com os comandantes militares e a adesão do kaiser Guilherme II.

Todavia, diferenciando-se do conservadorismo convencional, que pregava o retorno ao passado, para o movimento "völkisch" a crise da modernidade era ideológica e aceitava a pulsão romântica e o primado das emoções,(mas) pregava a restauração por meio da ação radical e revolucionaria (...) marcado por uma dupla vontade de guerra contra um inimigo interno (o mercado, a democracia e o pluralismo) e um externo (o socialismo internacional) ... (...). A tensão entre o desejo de preservar e de alterar a sociedade desembocou numa revolução espiritual, sem, contudo, revolucionar a estrutura, pois mais buscavam uma revolução da alma.

O clima conservador estruturava-se em torno da distinção entre "kultur" e "zivilization", (...)a raiz das duas almas: do lado do " kultur", o "völkisch", uma alma que correspondia plenamente à relação entre o volk, o indivíduo, o solo natal e o universo; enquanto a "zivilization" configura-se como o estado da humanidade mais externo e artificial possível.(Dymetman, Annie: Uma Arquitetura da Indiferença - a República de Weimar, ed. Perspectiva. SP. 2002, p. 72). No fundo, a rejeição ao modernismo era a rejeição ao espírito de direitos (que evoluíram) de 1789, com a anterior Declaração dos Direitos da Revolução Francesa e 1776, com Declaração dos Direitos da Independência Americana.

À época, Napoleão Bonaparte consolidou, mesmo em confronto com a tradição aristocrática europeia, os ideais burgueses que evoluíram da Revolução Francesa, pelas suas diferentes constituições, onde se vê presente Emmanuel Joseph Sieyès, como grande teórico da Assembleia Constituinte e Benjamim Constant, com o seu constitucionalismo monárquico. Essa evolução, mesmo anteriormente, já se manifestara na forma de ruptura com o absolutismo na Inglaterra, onde ocorreram, sucessivamente, com Oliver Cromwell, na forma da Revolução gloriosa, grandes mudanças na estrutura de poder.

Esse mesmo fenômeno não aconteceu na Alemanha dividida em vários territórios e cidades, dominadas pela aristocracia rural e tradicionalista marcada pela grande resistência aristocrática, reconhecida mais tarde, como já observamos, como o movimento *völkisch. Esse movimento tácito de vocação restauradora e voltado inclusive para uma certa cultura nórdica* no tempo histórico resistiu não apenas ao constitucionalismo de Lassalle, como ao constitucionalismo alemão construído na República de Weimar, para não nos aprofundarmos neste texto na sua profunda resistência ideológica ao socialismo na vertente bolchevique da época.

Assim, na Alemanha dividida em tantos reinos e cidades, sem a efetiva unificação do Estado, prosperou a influência remota dos *junkers* da Prússia, do ponto de vista moderno a grande dificuldade, a resistência e o infortúnio político alemão,que, se refletiu, inclusive, sobre a expulsão de Karl Marx, da Alemanha, e sobre Ferdinand Lassalle, que, embora criticando o economicismo marxista, não evoluiu no seu propósito constitucionalista. A sua ação, na verdade, ficou restrita à criação, em 1863, da Associação Geral dos Trabalhadores Alemães, que, com o passar dos tempos assumiu o propósito social democrata do seu programa para os operários alemães.

Como observa Aurélio Wander Bastos no prefácio deste livro, Ferdinand Lassalle, não chegou a participar da fundação do Partido Social Democrata (SPD), pois o seu falecimento ocorreu em 1864, sem desconsiderar, todavia, que o Partido Social Democrata (em 1875) era na verdade o produto final da unificação operária (proposta por) Lassalle (Dymetman, op cit p 96). O constitucionalismo de Ferdinand Lassalle absorveu, por conseguinte, os ideais da Associação dos Trabalhadores, o que o colocou em linha de confronto com o conservadorismo *"völkisch"* (ver sobre o tema o livro de Karl Marx: *Ideologia Alemã*, obra em que repudia a resistência conservadora e romântica).

Por essas razões, o afastamento de Karl Marx da Alemanha, e o papel intervencionista de Otto Von Bismarck, como o chanceler que unificou a Alemanha (1864-1890), incentivando políticas sociais, para alcançar os trabalhadores, enfraqueceu o constitucionalismo social de Ferdinand Lassalle, mesmo com as suas aberturas para o tradicionalismo romântico alemão, mesmo tendo sobrevivido pessoalmente em Leipzig. De qualquer forma, o grupo de Ferdinand Lassalle, continuou apoiando e propondo a reforma dentro dos parâmetros existentes, admitindo um constitucionalismo romântico e liberal, o que permitiu que ao SPD (Partido Social Democrata) viessem a se filiar também burgueses, sobretudo a intelligentsia alterando o perfil do partido (Dymetman, op cit. p. 96).

Mas o longo período de permanência e dominação de Otto Von Bismark no poder político alemão teve dois efeitos consequentes para a história do constitucionalismo, do pensamento e da ação política alemã. Em primeiro lugar, Bismark incentivou a ascensão e consolidação econômica da burguesia industrial e comercial (principalmente após 1871, com a unificação alemã sobre o comando da Prússia, numa estrutura aparentemente confederada). Em segundo lugar, por outro lado, a burguesia ascendente, também reconhecida como classe média (que) teve um papel político secundário (na unificação viu-se) excluída dos postos de comando.

Essa manobra estratégica provocou internamente a derrota social da classe média que terminou por abandonar a luta pela hegemonia, Dymetman, op cit. P. 59. Os poderosos "junkers" viabilizaram, assim, o crescimento econômico interno da Alemanha, assim como incentivaram várias medidas sociais e assistenciais, mas os seus aliados industriais e comerciantes e inclusive os trabalhadores viram-se alijados do poder. Desta forma, os tradicionais "junkers", sem perder o poder provocaram o início da modernização econômica alemã.

Nesse sentido, a burguesia, que se colocou como classe média, sem qualquer força hegemônica, passou a desprezar também as questões de poder e, por isso mesmo, não viabilizou o crescimento do pensamento político e jurídico liberal, que dificultou identificar Ferdinand Lassalle com o constitucionalismo liberal que evoluiu na Inglaterra e em Franca. Por outro lado, confrontando-se com a aristocracia, sem que obtivesse a adesão da burguesia, teve em Bismarck, o governante "*junkers*" o promotor de leis sociais, que dificultando o projeto de Lassalle realmente não fecundou o constitucionalismo alemão, mas no médio prazo inspirou a ascensão da social democracia alemã, que veio a se institucionalizar na República de Weimar.

Mas o argumento da revolução burguesa na Alemanha e de sua unificação tardia em relação à Inglaterra e Franca está presente até na pré-história da Constituição de Weimar (promulgada em 1919 em amplíssima correlação de forças com maioria do SPD) sob uma explicação que corresponde, em parte, da vontade de revolução conservadora no jogo ambivalente entre razão e desrazão. (...). (Dymetman, op. Cit. 06). Assim, Otto Von Bismarck, a quem não se pode negar o mérito de estadista, percebendo o crescimento das demandas sociais e assistenciais na Inglaterra e Franca, principalmente depois da sua consagrada vitória militar sobre a França na guerra franco-prussiana (1871), incentivou várias leis sociais e assistências para atender o trabalhador alemão e, consequentemente, restringiu o pensamento jus constitucionalista social democrata.

Essa posição não impediu, todavia, o crescimento do Partido Social Democrata (SPD), originariamente controlado pelo pensamento político marxista, onde não se identifica juristas de maior exponencial. Por isso mesmo, Ferdinand Lassalle sobreviveu na literatura subsequente apesar de não ter construído uma grande obra, a título de comparação com outros constitucionalistas, principalmente em França. Este seu livro continuou sendo citado e analisado pelos juristas e jus sociólogos do século XX, como Marx Weber, Léon Duguit, Carl Schmidt, que não serão analisados neste epílogo, e, ainda, Hans Kelsen, sobre o qual em seguida faz-se pequena observação introdutória, György Lukács e Antonio Gramsci (que segue na linha de pensamento de György Lukács sobre o realismo político).

Desses pensadores, destaque-se, a posição de Hans Kelsen, que, apesar de ter sido politicamente avaliado em muitas ocasiões como um pensador liberal, inclusive pela sua crítica marxista do Estado, devido as suas relações com Karl Renner (Primeiro Ministro da Áustria) em 1920, acompanhou como redator a construção da Constituição da primeira república austríaca de tendência social democrata. Interessantemente, devido a este trabalho, foi posteriormente relator permanente da Corte Constitucional de Justiça da Áustria, o que não o impediu de, mesmo nesta paradoxal circunstância, de publicar um relevante trabalho sobre o socialismo de estado voltado para o pensamento de (seu admirado esquerdista) Ferdinand Lassalle, reconhecendo-o como autêntico teórico socialista do político (ver Grúnbrergs Archiv in Herrera, Carlos Miguel: a Política dos Juristas: direito, liberalismo e socialismo em Weimar, trad. Luciana Claplan. SP: Alameda, 2012. P. 75).

Mas foi o húngaro György Lukács que, na obra citada de Carlos Miguel Herrera, mais claramente se manifestou sobre Ferdinand Lassalle, inclinando-se, inclusive, para associá-lo ao realismo político (realpolitik). De fato, o fundador da (Associação Geral dos Trabalhadores Alemães) ADAV apresenta convergência com as variadas facetas do realismo político. A concepção realista de Lukács sobre Ferdinand Lassalle se expressava antes de tudo na análise da obra *A Essência da*

Constituição (agora publicada pela Editora Freitas Bastos), onde se declarava opositor das definições jurídicas formais. A Constituição é a soma dos fatores reais do poder que regem esse país. Segundo o líder socialista alemão, a esses fatores de poder se dá expressão escrita, que os transforma em algo mais que um mero poder: eles convertem-se em direito, em disposições legais. Mas esta "Constituição jurídica" de nada serve se o que se escreve em uma "folha de papel" não se ajusta à realidade, aos fatores reais e efetivos do poder, que ele chama de "Constituição real". Por essa razão, para Ferdinand Lassalle, os problemas constitucionais não são, primariamente, problemas de direito, mas de poder (...)".

Por outro lado, György Lukács autor que se consagra a partir dos anos de 1920 virá a se confrontar com as ideias da realpolitik de Ferdinand Lassalle, antes de tudo por sua influência na social democracia germânica. (Herrera,op cit p 166–167). Para o filosofo húngaro, essa concepção do Estado é fruto de uma ruptura radical entre o político e o econômico (fonte da divergência entre Ferdinand Lassalle e Karl Marx). Assim a concepção da dialética em Ferdinand Lassalle tem por consequência a separação entre teoria e prática ilustrada por sua própria atitude direcionada a Otto Von Bismark, mas também pelo realismo político "possibilista" da social democracia alemã. Isso significa que a luta política é a luta pelo possível, desprezando-se o impossível, daí o realpolitik no contexto da observação de György Luckács (Herrera op. cit. P. 167) quando afirma: os homens fazem a história mas não podem fazê-la nas condições por ele escolhida.

Finalmente, em resumo, Lassalle sobrevive politicamente, e na história do constitucionalismo, não tanto pelo mérito de seus textos (Über die Ver*fass* e *Das System der Erworbenen Rechite)* citados na nota explicativa e no prefácio deste livro, por Aurélio Wander Bastos, mas pelo confronto com a resistência *völkisch* e pela ausência de um pensamento jurídico significativo, que deixou em aberto o crescimento das ideologias políticas frente à grande crise do autoritarismo nobiliárquico alemão, imediatamente após o afastamento de Bismarck (1890) e a derrota alemã na Primeira Guerra Mundial.